SITZUNGSBERICHTE DER DEUTSCHEN AKADEMIE
DER WISSENSCHAFTEN ZU BERLIN

*Klasse für Philosophie, Geschichte, Staats-,
Rechts- und Wirtschaftswissenschaften*

Jahrgang 1964 · Nr. 4

FRED OELSSNER

EINIGE THEORETISCHE PROBLEME DER PLANUNG UND LEITUNG DER VOLKSWIRTSCHAFT

AKADEMIE-VERLAG · BERLIN
1964

Vortrag gehalten von Herrn Oelßner im Plenum der Deutschen Akademie der Wissenschaften zu Berlin am 25. 6. 1964

Zum Druck genehmigt am gleichen Tage, ausgegeben am 11. 10. 1964

Erschienen im Akademie-Verlag GmbH, Berlin W 8, Leipziger Straße 3-4

Lizenznummer: 202 · 100/23/64
Gesamtherstellung: IV/2/14 VEB Werkdruck Gräfenhainichen · 2337
Bestellnummer: 2010/64/VI/4 · ES 5 B 3 · Preis: MDN 1,70

Herr Präsident!

Meine Herren!

Im vergangenen Jahr wurde entsprechend der neuen Etappe, die in der Entwicklung der Volkswirtschaft unserer Republik begonnen hat, die Einführung des neuen ökonomischen Systems der Planung und Leitung der Vokswirtschaft beschlossen. Mit dem neuen Abschnitt, der damit in der Planungs- und Leitungsstätigkeit begonnen wurde, sind auch die Wirtschaftswissenschaftler vor neue Aufgaben gestellt worden. Neben der unmittelbaren Teilnahme der Wirtschaftswissenschaftler an der Durchsetzung der vom Präsidium des Ministerrates am 11. Juli 1963 beschlossenen „Richtlinie", der Teilnahme an ökonomischen Experimenten, an der Ausarbeitung volkswirtschaftlicher Bilanzen usw. stellt das neue ökonomische System zugleich eine Anzahl theoretischer Probleme, an deren Lösung die Wirtschaftswissenschaftler zu arbeiten haben.

Das neue ökonomische System der Planung und Leitung der Volkswirtschaft verbindet organisch drei Bestandteile der sozialistischen Wirtschaftsführung miteinander:

die wissenschaftlich fundierte Führungstätigkeit in der Wirtschaft und

die wissenschaftlich begründete, auf die Perspektive orientierte zentrale staatliche Planung mit

der umfassenden Anwendung der materiellen Interessiertheit in Gestalt des in sich geschlossenen Systems ökonomischer Hebel.

Das gesamte neue ökonomische System der Planung und Leitung der Volkswirtschaft dient – so heißt es in der „Richtlinie" – der genauen Beachtung und Anwendung der ökonomischen Gesetze im Reproduktionsprozeß der Volkswirtschaft und der Sicherung eines hohen gesellschaftlichen Nutzeffektes. Mit einigen Fragen dieser Seite des neuen ökonomischen Systems, der Beachtung und Anwendung der ökonomischen Gesetze und Kategorien, besonders der sozialistischen Warenproduktion, möchte ich mich in meinen Ausführungen beschäftigen.

In der westlichen Presse wurde das neue ökonomische System als Beginn des Übergangs bzw. Rückschrittes zu kapitalistischen Wirtschaftsmethoden charakterisiert, weil es in stärkerem Maße als bisher die ökonomischen Gesetze und Kategorien der Warenwirtschaft, die Waren-Geld-Beziehungen ausnutzt. Diese Entstellung beruht auf einer Ignorierung des grundlegenden Unterschiedes zwischen der kapitalistischen und der sozialistischen Produktionsweise.

In der kapitalistischen Produktionsweise sind die Gesetze und Kategorien der Warenproduktion Ausdruck antagonistischer Produktionsverhältnisse, sie beruhen auf dem kapitalistischen Klasseneigentum an den Produktionsmitteln, von dem die Arbeiterklasse ausgeschlossen ist. Sie wirken daher spontan, elementar, mittels der Konkurrenz. Allen staatsmonopolistischen Maßnahmen zum Trotz setzt sich die Anarchie in der gesellschaftlichen Produktion immer wieder durch.

In der sozialistischen Produktionsweise macht die gesellschaftliche Form des Eigentums an den Produktionsmitteln die planmäßige Leitung der Volkswirtschaft zur objektiven Notwendigkeit. Der Staat, der die Produktionsmittel im Namen der Gesellschaft verwaltet, muß sie in Bewegung setzen, um die bestmögliche Befriedigung der gesellschaftlichen und individuellen Bedürfnisse zu erlangen, die an die Stelle des Profitstrebens getreten ist. Schon aus dieser objetkiv erforderlichen Planung und Leitung der Volkswirtschaft ergibt sich, daß in der sozialistischen Produktionsweise das Subjekt-Objekt-Verhältnis auf neue Art gestellt ist, denn die objektiven ökonomischen Gesetze des Sozialismus wirken nicht spontan, nicht automatisch, sondern sie müssen bewußt ausgenutzt werden. Hier ergibt sich ein philosophisch-ökonomisches Problem, das von der Wissenschaft noch keineswegs abschließend geklärt ist.

Die Warenproduktion und ihre Kategorien haben in der sozialistischen Produktionsweise einen grundsätzlich neuen Charakter erhalten, denn sie drücken nicht mehr die antagonistischen Produktionsverhältnisse früherer Formen der Warenproduktion aus. Sie beruhen auf dem gesellschaftlichen Eigentum an den Produktionsmitteln und sind untrennbar mit dem Planprinzip verbunden. In dieser Einheit von Planprinzip und Warenproduktion bildet das Planprinzip die Grundlage, denn das Ziel der Produktion und das Tempo ihrer Entwicklung, die Entfaltung der Produktivkräfte entsprechend den wissenschaftlich-technischen Errungenschaften werden im Plan festgesetzt. Die objektiven ökonomischen Gesetze und Kategorien dürfen aber dabei nicht mißachtet oder vernachlässigt werden, weil sonst die im Plan gesteckten Ziele nicht erreicht werden können.

In der Praxis wird die Einheit von Planprinzip und ökonomischen Gesetzen hergestellt, indem die ökonomischen Gesetze zur Verwirklichung der Planziele ausgenutzt werden. Das geschieht in der Regel in der Weise, daß die objektiven ökonomischen Kategorien, wie Preise, Selbstkosten, Lohn, Gewinn

u. a. von der Wirtschaftspolitik als ökonomische Hebel angesetzt werden, um die im Plan gesteckten Ziele zu erreichen. Hier zeigt sich wiederum das Besondere des Subjekt-Objekt-Verhältnisses im Sozialismus. Die ökonomischen Kategorien sind an sich noch keine ökonomischen Hebel, erst durch ihre bewußte Anwendung in der Wirtschaftspolitik werden sie zu Hebeln im Sinne der sozialistischen Wirtschaftsführung.

Die Gesetze und Kategorien der sozialistischen Produktionsweise existieren nicht isoliert nebeneinander, sondern sie stehen in ständiger Wechselbeziehung zueinander, sie bilden ein einheitliches System des volkswirtschaftlichen Gesamtprozesses. Eine solche Kategorie wie der Preis z. B. beeinflußt viele andere Kategorien, wie die Produktionskosten, die Investitionen, die Kaufkraft des Lohnes, den Absatz der Waren, die Struktur des Marktes u. a. m. So wie es einen einheitlichen Reproduktionsprozeß gibt, so gibt es auch ein einheitliches System der Gesetze und Kategorien der sozialistischen Produktionsweise. Und demgemäß muß auch ein einheitliches System der ökonomischen Hebel konstruiert werden, in dem nicht nur die direkte Wirkung des Hebels beachtet wird, sondern auch seine indirekten Wirkungen auf andere Kategorien. Die Kategorie Lohn z. B. wirkt nicht nur auf die Einnahmen der Werktätigen, sondern sie beeinflußt zugleich die Kosten der Betriebe, die Arbeitsproduktivität, den Umfang und die Struktur der Nachfrage u. a. Eine der Hauptaufgaben des neuen ökonomischen Systems der Planung und Leitung der Volkswirtschaft besteht gerade darin, ein solches in sich geschlossenes System ökonomischer Hebel zu verwirklichen, bei dem nicht nur die direkte, sondern die allseitige Wirkung der einzelnen Hebel wie auch des ganzen Hebelsystems berücksichtigt wird. Dabei wird von vornherein die enge Verbindung der wissenschaftlichen Planung mit dem System der ökonomischen Hebel angestrebt, d. h. bei der Ausarbeitung des Plans wird der Einsatz der entsprechenden Hebel, ihres Zusammenhanges und ihrer komplexen Wirkung berücksichtigt, wodurch wiederum die Einheit von Planprinzip und Warenkategorien zum Ausdruck kommt. Damit wird das Planungssystem auf eine höhere Stufe gehoben, indem die neuen Elemente, die aufeinander abgestimmten ökonomischen Hebel angewendet werden, um die wissenschaftlich begründeten Ziele der Planung zu erreichen. Der Einsatz der Hebel muß so erfolgen, daß durch sie ein *ökonomischer* Zwang ausgeübt wird, damit die im Plan gestellten Aufgaben erfüllt werden.

Aus dieser neuen Funktion des Systems der ökonomischen Hebel als Instrumente der wissenschaftlichen Planung folgern für die Wirtschaftswissenschaften neue theoretische und praktische Aufgaben. Da die Wirkung des Systems der ökonomischen Hebel davon abhängen wird, inwieweit es dem objetiven System der ökonomischen Gesetze und Kategorien, ihrem Wirkungmechanismus und ihrer gegenseitigen Beeinflussung entspricht, ergeben sich für die Wirtschaftswissenschaft die grundlegenden Aufgaben:

1. die in der sozialistischen Produktionsweise objektiv wirkenden ökonomischen Gesetze allseitig und vollständig zu erforschen. Wir können mit einiger Sicherheit sagen, daß wir noch nicht alle ökonomischen Gesetze des Sozialismus erkannt haben,
2. den Wirkungsmechanismus der einzelnen Gesetze zu untersuchen,
3. die gegenseitige Abhängigkeit und Wechselwirkung der verschiedenen Gesetze zu studieren und
4. die gewonnenen Erkenntnisse möglichst rasch in die Planung und Leitung der Volkswirtschaft bzw. die praktische Wirtschaftsleitung zu überführen.

Es versteht sich von selbst, daß diese Aufgaben nicht neben- oder hintereinander stehen, sondern nur im Zusammenhang richtig gelöst werden können, wobei wir über einzelne Teilergebnisse zu immer vollständigeren Erkenntnissen gelangen.

Zu den umfassendsten und allgemeinsten Kategorien der Warenwirtschaft gehören die Kategorien Wert und Preis. Engels nannte das Wertgesetz das Grundgesetz der Warenproduktion. Auch in der sozialistischen Warenproduktion hat das Wertgesetz große Bedeutung, da es mit fast allen anderen ökonomischen Kategorien verbunden ist. Aber schon bei der Behandlung des Wertgesetzes im Sozialismus tauchen neue theoretische Probleme auf, die noch der Lösung harren, weil der Mechanismus des Wertgesetzes im Sozialismus prinzipiell anders wirkt. In den früheren Formen der Warenproduktion wirkte das Wertgesetz spontan, es verwirklicht sich durch die ständige Abweichung der Preise vom Wert oder, wie Lenin sagte, auf dem Wege seiner Nichtverwirklichung, als Tendenz. In der kapitalistischen Warenproduktion wirkte das Wertgesetz in modifizierter Form, über den Produktionspreis. Die Aufgabe der Wissenschaft bestand darin, zu erklären, wie dieser Mechanismus wirkt, und sie wurde von Karl Marx gelöst. Im Sozialismus hingegen, wo das Wertgesetz bewußt angewendet werden muß, erhält der Wert zusätzlich den Charakter einer Rechengröße, die möglichst exakt gemessen werden muß, um sie bei der Verteilung der gesellschaftlichen Produktivkräfte verwenden zu können. Um aber diese Rechengröße zu ermitteln, müssen neue theoretische Probleme erforscht werden, die von der früheren Ökonomie nur erklärt zu werden brauchten, da der spontane Marktmechanismus die Dinge schon in Ordnung brachte wenn auch mit jeweils großen Verlusten für die Gesellschaft.

Es ist das bleibende Verdienst der Arbeitswerttheorie von Karl Marx, bewiesen zu haben, daß der in den Waren verkörperte Wert, der die Grundlage der Preise ist, nichts anderes darstellt als gesellschaftliche Arbeit. Denn im Warenaustausch drückt sich die Tatsache aus, daß die Produzenten, deren

Waren sich austauschen, füreinander gearbeitet haben. Dieses Grundprinzip der Arbeitswerttheorie hat auch in der sozialistischen Warenproduktion seine Gültigkeit behalten. Auch hier ist der Wert nichts anderes als vergegenständlichte gesellschaftliche Arbeit. Es scheint also auf dem ersten Blick eine ziemlich simple Aufgabe zu stehen. Man braucht nur zu berechnen, wieviel Zeit zur Herstellung einer Ware gebraucht wird, und man hat den Wert in den Händen. Indessen erweist sich die Aufgabe bei näherem Zusehen als äußerst kompliziert, und es gibt sogar einige Ökonomen, die sie für unlösbar und auch für unnötig halten. Wir sind nicht dieser Auffassung, und darum arbeitet auch am Institut für Wirtschaftswissenschaften der DAW eine Arbeitsgruppe in enger Gemeinschaft mit dem entsprechenden Arbeitskreis der Staatlichen Plankommission und mit anderen marxistischen Gelehrten daran, den Arbeitsaufwand pro Produkt in Zeit zu ermitteln. Welche Probleme stellen sich dabei der Lösung sozusagen in den Weg?

Zunächst wird der Wert einer Ware nicht allein durch die dem Werkstück zugefügte lebendige Arbeit bestimmt, sondern auch der Wert der dabei verbrauchten Produktionsmittel – Maschinenausrüstung, Rohstoffe usw. – wird auf die neue Ware übertragen, er erscheint also in ihrem Wert wieder. Wenn die Preise für diese Produktionsmittel ein exakter Ausdruck des Arbeitsaufwandes wären, den ihre Herstellung erforderte, wäre es relativ leicht, diesen Wertanteil zu berechnen. Wir wissen jedoch, daß dies nicht der Fall ist – besonders unsere alten Grundstoffpreise wichen ganz erheblich vom gesellschaftlichen Arbeitsaufwand ab –, darum steht die recht komplizierte Aufgabe, den wirklichen gesellschaftlichen Arbeitsaufwand für die verbrauchten Produktionsmittel zu berechnen.

Aber auch die Ermittlung des Aufwandes an lebendiger Arbeit ist eine komplizierte Angelegenheit.

Zunächst ist für die Größe des Wertes nicht der individuelle Arbeitsaufwand jedes einzelnen Produzenten maßgebend. Denn das würde dazu führen, daß gleiche, aber von verschiedenen Produzenten hergestellte Waren verschiedene Werte hätten. Für die Wertgröße bestimmend ist nicht der individuelle, sondern der gesellschaftlich notwendige Arbeitsaufwand, der unter den zur Zeit normalen technischen und sonstigen Arbeitsbedingungen erforderlich ist. Dieser gesellschaftlich notwendige Arbeitsaufwand ist nicht eine einfache Durchschnittsgröße und er ändert sich ziemlich rasch mit der steigenden Arbeitsproduktivität, besonders in Zeiten wissenschaftlich-technischer Umwälzungen.

Die Arbeitsproduktivität selbst hat keinen Einfluß auf die Wertproduktion, eine Arbeitsstunde bleibt eine Arbeitsstunde. Aber sie hat großen Einfluß auf die Wertgröße der einzelnen Ware, denn je mehr Exemplare einer Ware in einer bestimmten Zeiteinheit erzeugt werden, um so geringer ist der Wertanteil der einzelnen Ware, um so mehr kann der Preis gesenkt werden. Der Arbeitsaufwand je Produkt sinkt mit steigender Produktivität.

Eine weitere Schwierigkeit ergibt sich daraus, daß Arbeit nicht gleich Arbeit ist, es gibt einfache und komplizierte Arbeit. Die komplizierte Arbeit wirkt aber, wie Marx nachwies, vom Standpunkt der Werterzeugung wie multiplizierte einfache Arbeit, d. h. sie erzeugt in der gleichen Zeiteinheit einen größeren Wert. In früheren Formen der Warenproduktion hat der Markt das mehr schlecht als recht ausgeglichen. Im Sozialismus müssen wir aber einen Modus finden, wie wir die komplizierte Arbeit auf einfache Arbeit reduzieren können. An diesem Problem arbeiten viele Ökonomen in den sozialistischen Ländern, auch bei uns in der DDR. Das einfachste Hilfsmittel wäre, die Lohngruppen dieser Reduzierung zugrunde zu legen. Das wäre akzeptabel, wenn die Lohngruppen tatsächlich der Skala der Kompliziertheit der verschiedenen Arbeiten entsprechen würden. Da aber dem nicht so ist, muß nach anderen Lösungen gesucht werden.

Mit der Lösung dieser Frage wäre aber das Problem der wertbildenden lebendigen Arbeit noch nicht erschöpft. Es ensteht die weitere Frage, welche Arbeit denn als wertbildende Arbeit angesehen werden und folglich dem gesellschaftlichen Arbeitsaufwand zugerechnet werden soll. Es ist klar, daß Waren, also auch Werte, nur in der Sphäre der materiellen Produktion erzeugt werden können, zu der auch einige Dienstleistungen gehören. Aber was gehört zur Sphäre der materiellen Produktion? Schon Marx wies darauf hin, daß man infolge der Arbeitsteilung nicht selbst Hand anzulegen braucht, um zum gesellschaftlichen Gesamtarbeiter zu gehören. Aber es ist heute angesichts der zunehmenden wissenschaftlichen Durchdringung der Produktion notwendig, den Begriff der materiellen Sphäre, d. h. auch den Begriff der wertbildenden Arbeit im wissenschaftlich-technischen Bereich beträchtlich zu erweitern. Es ist doch so, daß z. B. in der chemischen Industrie zu erweitern. Es ist doch so, daß z. B. in der chemischen Industrie viele Produkte ohne diese wissenschaftlich-technische. Vorarbeit überhaupt nicht erzeugt werden kannten. Dieser Arbeit den wertbildenden Charakter abzusprechen, scheint mir daher – weniger moralisch als ökonomisch – nicht länger gerechtfertigt zu sein. Um so mehr, als die Durchführung dieser wissenschaftlich-technischen Arbeit selbst einen sehr hohen gesellschaftlichen Arbeitsaufwand erfordert. Allerdings ergibt sich bei der Einbeziehung der Wissenschaft in den Begriff der wertbildenden Arbeit das besondere, schon von Marx erwähnte Problem, daß die Arbeitszeit, die nötig ist, um wissenschaftliche Kenntnisse zu reproduzieren, in gar keinem Verhältnis steht zu der Arbeitszeit, die zu ihrer Originalproduktion erforderlich ist. „Zum Beispiel den binomischen Lehrsatz“ – fügt Marx hinzu – „kann ein Schuljunge in einer Stunde lernen.“ In der Praxis haben wir mit der Industriepreisreform bereits einen Schritt in der Richtung dieser Erweiterung des Begriffs der wertbildenden Arbeit getan, indem die Aufwendungen für Forschung und Entwicklung, mit Ausnahme der Grundlagenforschung, in den Selbstkosten der Betriebe und in den Preisen berücksichtigt werden. Ob diese Regelung schon der gewachsenen Bedeutung der Wissenschaft für die Produktion gerecht wird, müssen weitere Untersuchungen zeigen.

Schließlich gibt es bei der Ermittlung des Anteils der lebendigen Arbeit am Wert noch ein Problem für das mannigfaltige Lösungsversuche vorliegen. Dies betrifft den Wertanteil des Mehrprodukts oder des Reineinkommens der Gesellschaft. Wen n die ganze aufgewandte Arbeit einheitlich in Zeit ermittelt ist, muß noch untersucht werden, wieviel von dieser Zeit notwendig war, um das Wertäquivalent für den Lohn zu erzeugen, und wieviel für das Mehrprodukt aufgewandt wurde. Auf dieses Problem werde ich später noch zurückkommen.

Es zeigt ich also, daß die Ermittlung des gesellschaftlichen Arbeitsaufwandes als Grundlage der Wertermittlung einige komplizierte wissenschaftliche Forschungsaufgaben stellt und selbst einen erheblichen Arbeitsaufwand erfordert. Jedoch wird die Ermittlung einer Kennziffer des gesellschaftlichen Arbeitsaufwands nicht nur großen erkenntnistheoretischen Wert haben, sondern auch für die praktischen Aufgaben der Planung und Leitung der Volkswirtschaft von großem Nutzen sein. Eine solche Kennziffer könnte als Basis für viele ökonomische Berechnungen dienen, wie für die Nutzeffektsberechnungen bei der Investitionsplanung und bei der Projektierung, für die Überprüfung von Planvarianten, für die Untersuchung der tatsächlichen Produktionsverflechtungen, für Nutzeffektsanalysen des Außenhandels usw., vor allem für die Preisbildung. Wir sind deshalb der Ansicht, daß wir mit der Arbeit an diesen Problemen im Institut nicht nur der Weiterentwicklung der ökonomischen Therorie dienen, sondern zugleich wissenschaftliche Vorarbeit für die praktische Verbesserung der Planung und Leitung der Volkswirtschaft leisten.

Ich habe bisher die Ausnutzung des Wertgesetzes in der sozialistischen Ökonomie behandelt. Nun läßt sich aber die Wertkategorie nicht unmittelbar als ökonomischer Hebel ansetzen, weil sich die Wertgegenständlichkeit der Waren, wie Marx bemerkte, dadurch von der Wittib Hurtig unterscheidet, daß man nicht weiß, wo sie zu haben ist. Man kann einer Ware ihren Wert nicht ansehen. Auch wenn der Wert im Sozialismus zusätzlich den Charakter einer Rechengröße erhält, kann er weder sein eigenes Maß sein noch als Tauschmittel dienen. Er muß sich in einer anderen Ware widerspiegeln, also die Form des Tauschwertes erhalten. Die entwickelte Form des Tauschwertes ist die

Geldform, d. h. der Wert erhält seine besondere Ausdrucksform in Geld. Darum sprechen wir ja auch von der Ausnutzung der Ware-Geld-Beziehungen.

Der Geldausdruck des Wertes ist der Preis der Ware. Mit der Notwendigkeit dieser besonderen Ausdrucksform ist zugleich die Inkongruenz von Wert und Preis gegeben. Ist in den vorsozialistischen Formen der Warenproduktion diese Inkongruenz eine absolute, so gilt für die planmäßige sozialistische Warenproduktion das Prinzip, die Preise dem Wert, d. h. dem gesellschaftlichen Arbeitsaufwand weitestgehend anzunähern. Dennoch bleibt auch hier die Inkongruenz bestehen, denn der Preis ist nicht nur der geldliche Ausdruck des gesellschaftlichen Arbeitsaufwandes, sondern zugleich ein Instrument der sozialistischen Wirtschaftsleitung. Der Preis hat in der sozialistischen Wirtschaft die Doppelfunktion, Meßinstrument für den gesellschaftlichen Arbeitsaufwand und ökonomischer Hebel zur Verwirklichung der Planziele zu sein. Dabei ist der Preis eine Kategorie von außerordentlicher Massenwirkung. Das Preissystem soll helfen, die möglichst allseitige Befriedigung der gesellschaftlichen und individuellen Bedürfnisse bei möglichst geringen gesellschaftlichen Aufwendungen zu gewährleisten. Die Preise sollen ausdrücken, was die Befriedigung einzelner Bedürfnisse kostet. Die Preise sollen den wissenschaftlich-technischen Fortschritt fördern, die Steigerung der Arbeitsproduktivität, sie sind ein wichtiges Instrument der wirtschaftlichen Rechnungsführung, der Entlohnung nach Leistung, der materiellen Interessiertheit. Die Preise berühren nicht nur einzelne Sphären der Volkswirtschaft, sondern alle Sphären, sie beeinflussen unmittelbar den Lebensstandard aller Schichten der Bevölkerung.

Aus dieser Vielgestaltigkeit der Wirkungssphäre der Preise ergeben sich objektive Ursachen für das Abweichen der Preise vom Wert. Werden die preisbildenden Faktoren also einerseits durch die Probleme erfaßt, die die Wertgröße bestimmen und die Preise durch Veränderungen der Wertgröße beeinflussen, so sind andererseits preisbildende Faktoren jene, die eine Abweichung der Preise vom Wert hervorrufen. In diesem Zusammenhang möchte ich zwei Probleme erörtern.

Das erste ist der Einfluß des Gebrauchswertes auf die Preise. Auf den Wert der Waren hat der Gebrauchswert an sich keinen Einfluß, der Wert wird ausschließlich durch die zur Herstellung einer Ware erheischte Arbeitszeit bestimmt. Für den Käufer der Ware kommt es jedoch vor allem auf den Gebrauchswert der Ware an, er will aus ihrem Bebrauch einen bestimmten Nutzen ziehen. Dieser Nutzen ist wiederum völlig unabhängig vom Wert der Ware. Kann er aus einer Ware einen größeren Nutzen ziehen, so ist der Käufer bereit, auch einen höheren Preis für die Ware zu bezahlen. Es kann für ihn sogar vorteilhaft sein, die teurere Ware zu kaufen, weil er einen größeren

Effekt davon hat. Diesem Umstand wurde bei der Industriepreisreform Rechnung getragen, indem die Einzelpreise nach technischen Parametern differenziert wurden, die die Gebrauchseigenschaften wesentlich bestimmen. So wurden die Preise für Rohbraunkohle zum ersten Male nach den verschiedenen Heizwerten differenziert, die Braunkohlenbriketts nach Wassergehalt, Druckfestigkeit und Körnung, usw. Das große, bisher ungelöste Problem, das sich hierbei stellt, ist die Festlegung und Quantifizierung des Nutzens der einzelnen Produkte. Schon Marx wies darauf hin, daß die Entdeckung der verschiedenen Seiten und daher der mannigfachen Gebrauchsweisen der Dinge eine geschichtliche Tat ist. Wenn wir diese mannigfachen Gebrauchsweisen aber bei der Anwendung des ökonomischen Hebels Preise praktisch berücksichtigen wollen, so können wir uns nicht mehr wie zu Marx' Zeiten damit begnügen festzustellen, daß die Gebrauchswerte der Waren das Material einer eigenen Disziplin, der Warenkunde, liefern, die außerhalb des Bereichs der politischen Ökonomie liegt. Denn in der sozialistischen Produktionsweise, die eine Bedarfsdeckungswirtschaft ist (an Stelle der früheren Profitwirtschaft), spielt der Gebrauchswert eine neue ökonomische Rolle, die von der Wirtschaftswissenschaft allseitig untersucht werden muß.

Gilt bei der Berücksichtigung des Gebrauchswertes als preisbildender Faktor das allgemeine Prinzip: gleicher Preis für die gleiche Befriedigung eines Bedürfnisses, so muß bei der konkreten Preisbildung zwischen Produktionsmitteln und Konsumtionsmitteln unterschieden werden. Bei den Produktionsmitteln kann nur der Arbeitsaufwand des Verbrauchers die Grundlage für die Bestimmung der ökonomischen Wirksamkeit sein. Die Zeiteinsparung beim Gebrauch des Produktionsmittels charakterisiert das ökonomische Äquivalent, wie die Sowjetökonomen es nennen, der gegenseitig ersetzbaren oder gleichartigen Produktionsmittel, wobei dieses ökonomische Äquivalent sowohl die technologischen Eigenschaften des Produktionsmittels wie die Kosten seiner Anwendung durch den Verbraucher erfaßt. Es braucht nicht besonders hervorgehoben zu werden, daß gerade auf diesem Gebiet die allerengste Zusammenarbeit von Naturwissenschaftlern, Technikern und Ökonomen notwendig ist, denn die Ökonomen allein sind nicht imstande, die technischen Parameter der vielen Arten von Produktionsmitteln festzulegen.

Bei den Konsumtionsmitteln kann nicht der Aufwand des Verbrauchers beim Gebrauch das Kriterium für die Preisbildung sein. Das Hauptkriterium ist hier der Befriedigungsgrad des gegebenen persönlichen Bedürfnisses, es ist aber außerordentlich schwierig, angesichts der großen Verschiedenheit der Bedürfnisse, des Geschmackes usw. ein objektives, meßbares Kriterium zu finden. Anders ist es mit der sozialen Bedeutung der verschiedenen Waren, die bei der Berücksichtigung des Gebrauchswertes als preisbildender Faktor beachtet wird. Hier zielt die Preisbildung darauf ab, den Verbrauch bestimmter Waren zu fördern und den Verbrauch anderer Waren zu beschränken. So werden die Preise für Grundnahrungsmittel (Brot!) für Waren des kulturellen Bedarfs beispielsweise niedrig gehalten, während die Preise für Tabak, Spirituosen u. ä. hoch gehalten werden.

Der zweite, eine Preisabweichung vom Wert bedingende Faktor, den ich behandeln möchte, ist das Gesetz von Angebot und Nachfrage. In der spontanen Warenwirtschaft wird der Preis der Waren als inkongruenter Geldausdruck des Wertes bekanntlich durch das Gesetz von Angebot und Nachfrage bestimmt. Übersteigt das Angebot die Nachfrage, so sinken die Preise und umgekehrt. Im Sozialismus gibt es dieses spontane Spiel der Preise nicht, die Preise werden planmäßig festgesetzt. Das heißt aber nicht, daß im Sozialismus das Gesetz von Angebot und Nachfrage nicht mehr vorhanden ist, es ist da und wirkt und muß deshalb auch bei der palnmäßigen Festsetzung der Preise berücksichtigt werden. Geschieht dies nicht oder nicht in genügendem Maße, dann macht sich das Gesetz bei zu hohen Preisen in der Ansammlung von unverkäuflichen Überplanbeständen und bei zu niedrigen Preisen in einer Verknappung der betreffenden Waren bemerkbar, wenn der Bedarf zu diesen Preisen nicht voll befriedigt werden kann. Dabei ist das Ausmaß, in dem das Verhältnis von Angebot und Nachfrage bei der Preisfestsetzung berücksichtigt werden muß, in den verschiedenen Sphären des Wirtschaftslebens sehr unterschiedlich. Am geringsten wirkt es bei den Produktionsmitteln im allgemeinen. Bei großen Industrieanlagen, die als planmäßige Investitionen gebaut werden, wirkt es so gut wie gar nicht. Am stärksten müssen Angebot und Nachfrage bei den Preisen für Konsumtionsmittel berücksichtigt werden, besonders für solche Konsumtionsmittel, die saisonmäßig produziert werden oder den Änderungen der Mode angepaßt werden müssen.

Die entscheidende Aufgabe besteht in der sozialistischen Wirtschaft jedoch nicht darin, Angebot und Nachfrage durch die Preise zu regulieren, sondern eine solche Proportion zwischen Produktion und Bedarf zu schaffen, daß die in der Nachfrage erscheinenden Bedürfnisse voll befriedigt werden und daß andererseits keine Waren hergestellt werden, für die kein Bedarf, also keine Nachfrage vorhanden ist. Sie alle wissen aber, daß die volle Befriedigung aller Bedürfnisse noch nicht möglich ist. Das macht es erforderlich, bis die Produktion den Bedarf decken kann, Angebot und Nachfrage durch den Preis zu beeinflussen. Darum z. B. die hohen Preise für Personenkraftwagen.

Der Preis ist eine außerordentliche dynamische Kategorie. Da sich seine Grundlage, der gesellschaftliche Arbeitsaufwand, dank der Entwicklung der Arbeitsproduktivität in ständiger Bewegung befindet und auch die anderen preisbildenden Faktoren, besonders das Gesetz von Angebot und Nachfrage ständigen Veränderungen unterworfen sind, müssen die Preise so beweglich sein, daß es möglich ist, sie den veränderten Erfordernissen der Volkswirtschaft anzupassen. Der Grad der erforderlichen Beweglichkeit der Preise ist unterschiedlich. Es ist die Aufgabe der Wirtschaftswissenschaft, diesen unterschiedlichen Grad der Beweglichkeit zu ermitteln. Allgemein dürfte das Gesetz gelten: je mehr eine Ware dem Gesetz von Angebot und Nachfrage unterworfen ist, desto beweglicher muß ihr Preis sein.

Wenn eine ökonomische Kategorie von solcher Massenwirksamkeit wie der Preis als ökonomischer Hebel angesetzt wird, dann ist es besonders wichtig, die allseitige Wirkung dieses Hebels zu beachten. Denn die Veränderung der Preise für bestimmte Waren wirken sich auf alle aus, die diese Waren kaufen; sie beeinflussen, wenn diese Käufer selbst Produzenten sind, die Selbstkosten als Basis ihrer Preise und damit die Rentabilität der Betriebe. Eine in die Zukunft weisende Planung der Preisentwicklung muß diese gegenseitige Verflechtung kennen, wenn unbeabsichtigte Folgen vermieden werden sollen. Diese Kenntnis kann nur durch die Aufstellung von Preisverflechtungsbilanzen erworben werden, die die Wechselbeziehungen der einzelnen Preisbewegugen aufzeigen. Mit der Ausarbeitung solcher Bilanzen ist auch bei uns schon begonnen worden, diese Arbeit sollte verstärkt fortgeführt werden.

Ich habe bisher die Probleme Wert und Preis nur vom Standpunkt der Produktion, der Herstellung der Produkte, behandelt. Dieser Ausgangspunkt war notwendig, weil der Wert nur in der materiellen Produktion geschaffen werden kann. Aber der Wert muß nicht nur erzeugt, er muß auch realisiert werden. Man sagt, das Bier, das nicht getrunken wird, hat seinen Zweck verfehlt. Genauso kann man sagen, die Ware, die nicht verkauft wird, hat ihren Zweck verfehlt. Werden in einem Betrieb Waren produziert, die nicht absetzbar sind, so verliert auch die bei der Erzeugung dieser Waren verausgabte Arbeit ihren wertbildenden Charakter, sie ist nutzlos vertan. Die Realisierung der Warenwerte, der Verkauf, findet nach und außerhalb der Produktion, in der Zirkulation, auf dem Markt statt. Der gesellschaftliche Reproduktionsprozeß umfaßt gleichermaßen Produktion, Distribution, Zirkulation und Konsumtion. Das Schwergewicht der wirtschaftswissenschaftlichen Forschungen lag in der Vergangenheit einseitig auf der Produktion, während die Probleme der anderen Elemente, besonders auch der Zirkulation, bisher stark vernachlässigt wurden. Dieser Zustand ist aber nicht länger haltbar. Daher verlangt die „Richtlinie für das neue ökonomische System" mit Recht die Überwindung der künstlichen Trennung von Produktion und Zirkulation. Das gilt für die Theorie wie für die Praxis. Das dringlichste Problem ist m. E. in dieser Beziehung die Ausarbeitung der wissenschaftlichen Grundlagen für eine sozialistische Marktforschung. Viele Ökonomen haben noch nicht erkannt, daß es auch im Sozialismus ein echtes Marktproblem gibt, oder sie unterschätzen es. Dabei lehrt die Praxis uns jeden Tag, daß dieses Problem mit der weiteren Entwicklung der Ware-Geld-Beziehungen immer mehr auf den Nägeln brennt. Auch im neuen ökonomischen System wird der Bedarfsanalyse und der Marktforschung große Bedeutung zugemessen. Dieses Problem ist eng mit den anderen Problemen der sozialistischen Produktion verknüpft. Was nützt z. B. die beste Berechnung des Nutzeffektes einer Investition, der beste technische Stand eines neuen Betriebes, wenn die erzeugten Produkte nicht abgesetzt werden können, oder wenn – auch das ist ein Marktproblem – die erforderlichen Materialien nicht kontinuierlich herangebracht werden können, so daß der Produktionsablauf ständig ins Stocken gerät? Unter solchen Verhältnissen muß doch die genaueste Rentabilitätsberechnung zum Teufel gehen! Die Bedeutung der Marktforschung für die Planung und Leitung der Volkswirtschaft ist zwar nun erkannt – die Schlußfolgerungen der Wirtschaftswissenschaftler aus dieser Erkenntnis sind aber noch immer ungenügend.

Das Ziel des neuen ökonomischen Systems der Planung und Leitung der Volkswirtschaft ist es, die Befriedigung der gesellschaftlichen und individuellen Bedürfnisse so zu erzielen, daß zugleich bei aller wirtschaftlicher Tätigkeit der größte ökonomische Nutzen erzielt wird. Darum wird dem Gewinn im System der ökonomischen Hebel die zentrale Stellung eingeräumt. Der Gewinn soll, so fordert die „Richtlinie“, als Maßstab für die Beurteilung der ökonomischen Leistung in Betrieben und VVB voll wirksam werden. Für den Betrieb oder die VVB ist der Gewinn die – wenn wir von der Produktionsabgabe absehen – Differenz zwischen den Selbstkosten und dem Erlös für die erzeugten Waren. Wenn die Selbstkosten gesenkt werden, dann steigt der Gewinn. Der Gewinn kann auch durch eine Umverteilung, auf Kosten anderer Betriebe oder der Käufer steigen. Der Betrieb oder die VVB kann durch solche Umverteilung Gewinn auf zweierlei Weise erzielen: erstens dadurch, daß er für die von ihm verbrauchten Produktionsmittel zu niedrigere Einkaufspreise bezahlt, die nicht dem Arbeitsaufwand der Herstellerbetriebe entsprechen. So war es z. B. vor der Industriepreisreform bei Energie, Kohle und anderen Grundstoffen. Wenn die Kohleverbraucher nur 45% des Wertes der Kohle bezahlen mußten, so haben sie sich 55% des im Bergbau geschaffenen Wertes angeeignet. Durch die Industriepreisreform wird dieser Zustand weitgehend beseitigt, jedoch nicht ganz überwunden, weil in den neuen Grundstoffpreisen nur ein Teil des Mehrproduktes berücksichtigt wird. Zweitens kann ein Betrieb einen höheren Gewinn erzielen, indem er für seine Produkte höhere Preise erzielt. Einzelne Betriebe versuchen trotz aller Kontrolle immer wieder, ihren Gewinn durch Preissteigerungen zu erhöhen. In solchen Fällen eignen sich die Betriebe einen Teil des Mehrproduktes (oder des Einkommens) des Käufers äquivalentlos an. Beide Fälle widersprechen der in der „Richtlinie“ geforderten Rolle des Gewinns.

Es ist klar, daß durch solche Umverteilung der Reichtum der Gesellschaft nicht vermehrt wird. Es gibt nur eine Quelle des Gewinns: das in der materiellen Produktion geschaffene Mehrprodukt. Keine Umverteilung kann die Größe dieses Mehrproduktes verändern. Diese Größe selbst aber ist die Summe der Mehrprodukte, die in den Produktionsstätten in der Zeit geschaffen werden, in der die Werktätigen über jene Zeit hinaus arbeiten, die notwendig ist, um den Wert ihres Einkommens zu reproduzieren. Es gibt also auch in der sozialistischen Produktionsweise ein Gesetz der Mehrarbeit, nämlich der sozialistischen Mehrarbeit für die Gesellschaft.

Die Existenz dieses Gesetzes der sozialistischen Mehrarbeit hat mit Ausbeutung nichts zu tun. Denn die Ausbeutung in der kapitalistischen Produktionsweise besteht ja nicht darin, daß ein Mehrprodukt erzeugt wird – keine entwickelte und sich entwickelnde Gesellschaft kann ohne Mehrprodukt auskommen –, sondern die Ausbeutung besteht darin, daß das Mehrprodukt in der Form von Mehrwert oder Profit von der Klasse ursurpiert wird, die Eigentümer der Produktionsmittel ist. Schon Marx hat die Lassalleanische Forderung verspottet, die Arbeiter müßten als Lohn den „ungekürzten Arbeitsertrag“ erhalten.

Wenn es ein Gesetz der sozialistischen Mehrarbeit gibt, dann gibt es auch eine Rate der sozialistischen Mehrarbeit bzw. des sozialistischen Mehrprodukts oder, wie man auch sagt, eine Norm des Produktes für die Gesellschaft. Diese Rate bringt das Verhältnis zwischen der Arbeitszeit zum Ausdruck, in der die Produzenten das Wertäquivalent für ihr Einkommen reproduzieren, und der Arbeitszeit, in der sie das Mehrprodukt erzeugen. Diese Rate der sozialistischen Mehrarbeit kann und wird in den verschiedenen Wirtschaftszweigen bzw. Betrieben sehr unterschiedlich sein, weil die Produktionsbedingungen sehr verschieden sind. Es ist sowohl theoretisch wie für die praktische Leitung der Volkswirtschaft von großem Interesse, die Größe der Mehrarbeitsraten in den einzelnen Wirtschaftszweigen zu kennen, weil davon unmittelbar die Größe des gesamten Mehrproduktes abhängt. Es leuchtet ein, daß das gesamte gesellschaftliche Mehrprodukt, d. h. die Zunahme des gesellschaftlichen Reichtums, um so größer ist, je größer der Anteil der Betriebe mit hoher Rate der sozialistischen Mehrarbeit an der Gesamtproduktion ist. Oder ganz einfach gesagt, je größer das Mehrprodukt in den einzelnen Betrieben, desto größer auch seine Summe, das gesellschaftliche Mehrprodukt.

Die Ermittlung der Rate der sozialistischen Mehrarbeit ist von großer praktischer Bedeutung z. B. für die Entscheidung über langfristige Investitionen über Spezialisierung, internationale Arbeitsteilung usw. Es versteht sich von selbst, daß dies alles nur unter der früher entwickelten Bedingung gilt, daß das Mehrprodukt nicht nur produziert wird, sondern auch realisiert werden kann.

Ohne Zweifel wird die Wirtschaftspraxis dem Gesetz der sozialistischen Mehrarbeit am besten gerecht, wenn die Preise dem Wert möglichst angenähert sind, d. h., wenn sie das ganze Mehrprodukt erfassen. Darum nennt die „Richtlinie" auch die Preisreform als die erste Voraussetzung dafür, daß der Gewinn seine Aufgabe im ökonomischen System der Planung und Leitung der Volkswirtschaft erfüllen kann. Ich erwähnte bereits, daß die Preisreform für Grundstoffe noch nicht voll den Anforderungen entspricht, jedoch ist sie ein bedeutender Schritt vorwärts zur richtigen praktischen Lösung des Problems.

Die „Richtlinie" hebt noch andere Voraussetzungen dafür hervor, daß der Gewinn seine Aufgabe erfüllen kann. Zu diesen Voraussetzungen gehören die (bereits durchgeführte) Umbewertung der Grundmittel und die Einführung ökonomisch begründeter Abschreibungssätze. Die richtige Bewertung der Grundmittel ist die Bedingung dafür, daß durch die Abschreibungen tatsächlich die reale Wortübertragung gesichert wird. Sind die Grundmittel zu niedrig bewertet, so wird bei richtigen Abschreibungsnormen nicht einmal die einfache Reproduktion, d. h. der Ersatz der verbrauchten Produktionsmittel, gewährleistet. Sind sie zu hoch bewertet, dann macht der Betrieb einen unrechtmäßigen Gewinn auf Kosten der Käufer seiner Waren.

Komplizierter ist die Einführung ökonomisch begründeter Abschreibungssätze, die den vollen physischen und moralischen Verschleiß berücksichtigen. In unserer Zeit der wissenschaftlich-technischen Revolution hat die Bedeutung des moralischen Verschleißes gegenüber dem physischen sehr zugenommen. Oft sind die Maschinen, Apparate usw. lange vor Beendigung ihrer physischen Lebensdauer technisch veraltet und können im ökonomischen Wettbewerb nicht mehr bestehen. Der Ersatz einer Maschine, bevor ihr voller Wert auf das Produkt übertragen ist, bedeutet aber einen Verlust für die Gesellschaft. Soll dieser Verlust vermieden werden, dann muß die technische Entwicklung vorausgesehen und diese Voraussicht in solche ökonomische Kennziffern-Abschreibungsnormen – gefaßt werden, welche den vollen Wertersatz bis zum voraussichtlichen Termin der Erneuerung sicherstellen. Daraus ergibt sich erstens, daß die Abschreibungssätze elastisch dem wissenschaftlich-technischen Fortschritt angepaßtwe rden müssen, und zweitens, daß die Ausarbeitung und Überprüfung der Abschreibungssätze nur in gemeinsamer Arbeit von Technikern und Ökonomen durchgeführt werden kann.

Um das Ziel, die volle Wertübertragung der Grundmittel bis zum Tage ihres Ersatzes zu erreichen, muß auch die rationelle Ausnutzung der Grundfonds erreicht werden. Zu diesem Zwecke sieht die Richtlinie die Einführung einer Produktionsfondsabgabe vor, durch die sich die Ausnutzung der Grundmittel wie auch der übrigen produktiven Fonds im Gewinn niederschlägt. Durch diese Maßnahme soll der bisherige Zustand beseitigt werden, daß zwar die Gesellschaft, nicht aber die Betriebe Schaden erleiden, wenn die Fonds nicht voll und rationell ausgenutzt werden. Damit wird der Grundsatz der materiellen Interessiertheit angewandt, was der Gesellschaft nutzt, muß auch dem Betrieb und dem Einzelnen nutzen.

Im Zusammenhang mit der Lösung dieser Aufgaben stehen auch Probleme der Fondsintensität und -effektivität. Am Akademie-Institut für Wirtschaftswissenschaften wurden Forschungsarbeiten aufgenommen, um die Beziehungen zwischen der Fondsausstattung der lebendigen Arbeit und ihrer Produktivität im Zusammenwirken von Arbeitsmitteln, Arbeitsgegenstand und Arbeitskräften zu untersuchen. Dabei wird versucht, eine Reihe von numerischen Normativen zu entwickeln, die wichtige Voraussetzungen für die effektive Verteilung der Investitionen auf die Zweige und für die Optimierung der Perspektivplanung sein könnten. –

Ich will damit meine Ausführungen beenden, um ihre Aufmerksamkeit in der letzten Plenarsitzung vor der Sommerpause nicht übermäßig in Anspruch zu nehmen. Es versteht sich, daß ich nur eine kleine Auswahl der zahlreichen theoretischen Probleme behandelt habe, die mit der Einführung des neuen ökonomischen Systems der Planung und Leitung der Volkswirtschaft aufgeworfen wurden. Ebenso versteht sich, und darüber habe ich nicht gesprochen, daß die Lösung dieser Probleme, die ja der praktischen Verbesserung der Wirtschaftsführung dienen soll, von den Wirtschaftswissenschaftlern neue Methoden in der Forschungsarbeit erfordert, besonders die Anwendung mathematischer Methoden, der Kybernetik, die Ausnutzung der modernen Rechentechnik. Die Aneignung und richtige Anwendung dieser Methoden ist notwendig, weil einmal das gewaltige empirische Material, das heute unserer Wissenschaft als Forschungsfeld zur Verfügung steht, anders gar nicht bewältigt werden kann, und weil zweitens viele gerade für die Wirtschaftspraxis zu lösende Aufgaben wie Verflechtungsbilanzen, Planoptimierung und viele andere überhaupt nur mit diesen Methoden zu lösen sind. Natürlich kann dabei nicht davon die Rede sein, etwa ökonomische Gesetze durch mathematische Gesetze zu ersetzen. Der Gegenstand der Wirtschaftswissenschaften sind nach wie vor die ökonomischen Gesetzmäßigkeiten, bei deren Erforschung und praktischer Anwendung die mathematischen Methoden wertvolle Hilfsmittel sind. Einige dieser ökonomischen Gesetzmäßigkeiten zu behandeln, war die Absicht meines Vortrages.

Bei Fragen zur Produktsicherheit wenden Sie sich bitte an:
If you have any questions regarding product safety,
please contact:

Walter de Gruyter GmbH
Genthiner Straße 13
10785 Berlin
productsafety@degruyterbrill.com